# 365 dias com o Papa Francisco

# Pe. Eliomar Ribeiro, SJ

# 365 dias com o Papa Francisco

Orações diárias para serem feitas a partir de pensamentos do **Papa Francisco**

*Edições Loyola*

**Capa e diagramação:** Ronaldo Hideo Inoue
　　Foto da capa: © L'Osservatore Romano
　　Imagem de fundo: © Milan Lipowski | Fotolia
**Revisão:** Vera Rossi

Edições Loyola Jesuítas
Rua 1822, 341 – Ipiranga
04216-000 São Paulo, SP
T 55 11 3385 8500/8501 • 2063 4275
editorial@loyola.com.br
vendas@loyola.com.br
www.loyola.com.br

*Todos os direitos reservados. Nenhuma parte desta obra pode ser reproduzida ou transmitida por qualquer forma e/ou quaisquer meios (eletrônico ou mecânico, incluindo fotocópia e gravação) ou arquivada em qualquer sistema ou banco de dados sem permissão escrita da Editora.*

ISBN 978-85-15-04405-4

© EDIÇÕES LOYOLA, São Paulo, Brasil, 2016

106576

# Introdução

O pensador francês Victor Hugo nos diz que "há pensamentos que são orações. Há momentos nos quais, seja qual for a posição do corpo, a alma está de joelhos".

Quando ouvimos ou lemos as palavras do Papa Francisco, que revelam a grandeza de seu coração, notamos que seus pensamentos podem ajudar-nos muito para a oração de cada dia.

Rezar é falar com Deus! Estar em Sua presença, sentar com Ele, partilhar a vida, provar de Sua Sabedoria, que preenche o nosso ser.

A pretensão deste livro é ajudar-nos a conectar nosso coração ao Coração de Deus no corre-corre cotidiano. É um livro para você ter consigo onde quer que esteja. Um pensamento que provoca uma oração! Quem sabe até provocando o desejo de gastar mais tempo na presença de Deus, ampliando sua oração.

Nossa gratidão ao Papa por palavras tão cheias de sentido, de carinho, de amor, de misericórdia e de bondade, que despertam nossa vida para querer ser melhor a cada dia.

**Pe. Eliomar Ribeiro, SJ**

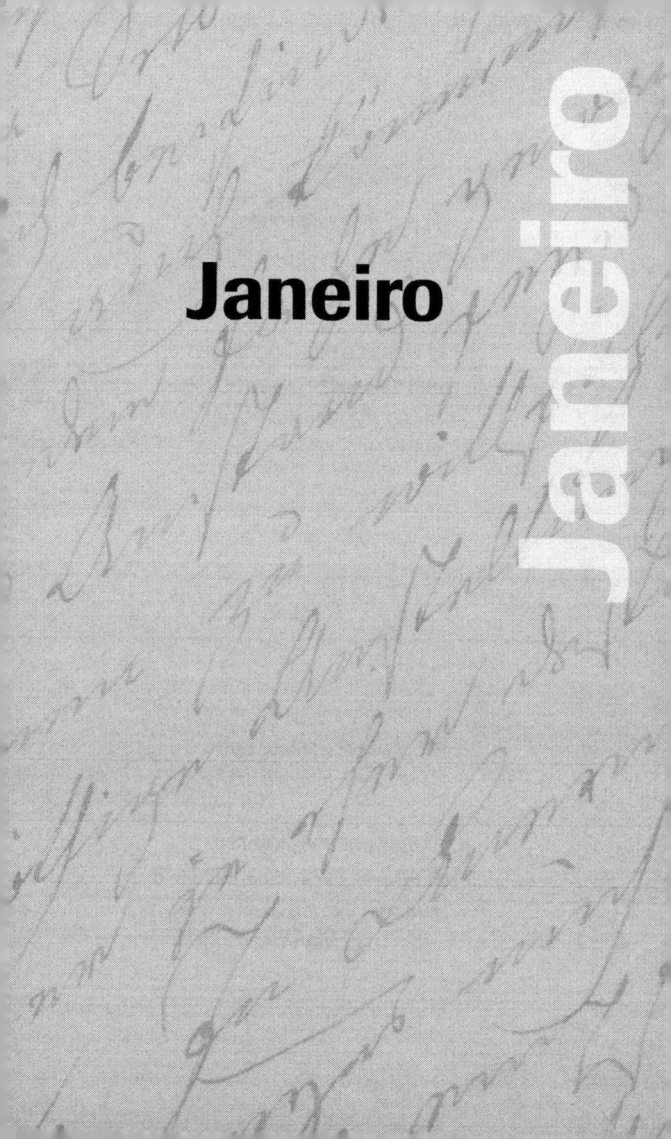

# Janeiro

## Janeiro

### 1

"A paz é um bem que supera qualquer barreira, porque é um bem de toda a humanidade."

Ó Deus da paz, concedei o dom da vossa paz ao nosso coração tão inquieto e confuso.

### 2

"A verdadeira amizade consiste em poder revelar ao outro a verdade do coração."

Ó Deus bondoso, hoje rezo por meus amigos para que encontrem sempre a paz e a alegria que vem de Vós.

## 3

*Janeiro*

"O grande risco do mundo atual
é a tristeza individualista, que brota
do coração mesquinho."

**Ó Deus de amor, vede meu coração
e minha vontade de vos amar e servir.**

## 4

"Sejam mais indulgentes e
misericordiosos e não tão rápidos
em condenar as falhas dos outros.
Um pouco de misericórdia torna
o mundo menos frio e mais justo."

**Ó Deus de misericórdia,
fazei-me compreender sempre
as falhas das outras pessoas,
antes de condená-las.**

## Janeiro

## 5

"O amor não deve nascer na areia dos sentimentos que vão e vêm, mas da rocha do amor verdadeiro, o amor que vem de Deus."

Ó Deus amoroso, que o meu amor seja firme e verdadeiro a cada dia.

## 6

"Se o amor é somente um sentimento, um estado psicofísico, não se constrói nada de sólido."

Ó Deus de bondade, que meu amor se revele mais em ações que em palavras.

## Janeiro

### 7

"Não tenhas medo, confia em Deus, estejas certo que Ele está próximo de ti."

Ó Deus da confiança, confortai meu coração nas tribulações para que eu reconheça vossa presença junto a mim.

### 8

"Aprendamos de Jesus a rezar, a perdoar, a semear paz, a estar junto de quem precisa."

Ó Deus do perdão, ensinai-me a rezar e a promover a paz.

Janeiro

## 9

"A misericórdia de Deus nos salva: nunca nos cansemos de espalhar pelo mundo essa jubilosa mensagem."

Ó Deus da compaixão, que eu saiba reconhecer a vossa salvação que me alegra a vida a cada novo dia.

## 10

"Às vezes, na nossa vida, os óculos para ver Jesus são as lágrimas."

Ó Deus da alegria, confio a Vós minhas dores e sofrimentos de cada dia.

## 11

*Janeiro*

"A fidelidade de Deus é mais forte do que as nossas infidelidades e as nossas traições."

Ó Deus fiel, confiado em vossa fidelidade que eu seja fiel e que não me esqueça de fazer vossa vontade.

## 12

"Deus nunca cansa de nos perdoar, nós é que nos cansamos de pedir perdão."

Ó Deus fonte de toda graça, que eu nunca me canse de pedir perdão e de perdoar.

Janeiro

## 13

"Digamos sempre obrigado a Deus, antes de mais nada pela sua paciência e misericórdia."

**Ó Deus da gratidão, quero agradecer vosso imenso amor, paciência e bondade para comigo.**

## 14

"Deus nos ama. Não devemos ter medo de amá-Lo. A fé se professa com a boca e com o coração, com a palavra e com o amor."

**Ó Deus de amor, que minha boca professe sempre as maravilhas do vosso amor que experimento em meu coração.**

## 15

*Janeiro*

"A nossa alegria mais profunda vem de Cristo: estar com Ele, caminhar com Ele, ser seus discípulos."

Ó Deus da alegria, quero viver sempre da vida de Cristo, que alegra os meus dias.

## 16

"Nunca podemos perder a esperança. Deus nos inunda com a sua graça, se a pedimos com perseverança."

Ó Deus da esperança, fazei que jamais eu perca a esperança nas dificuldades e sofrimentos de cada dia.

*Janeiro*

## 17

"Ser amigo de Deus significa rezar com simplicidade, como um filho fala com seus pais."

**Ó Deus da intimidade, quero sempre estar convosco em oração, contemplando vossa presença nas pessoas e nas obras da criação.**

## 18

"Procurar a própria felicidade no possuir coisas materiais é um modo certeiro para não ser feliz."

**Ó Deus da simplicidade, quero viver mais com menos. Ajudai-me a não acumular coisas sem necessidade.**

## 19

"A fé não é luz que dissipa todas as nossas trevas, mas lâmpada que guia os nossos passos na noite, e isto basta para o caminho."

Ó Deus do caminho, aumentai minha fé e fazei crescer minha confiança em Vós.

## 20

"Se o mal é contagioso, o bem também é. Deixemo-nos contagiar pelo bem."

Ó Deus de todo bem, quero viver sempre da vossa bondade e misericórdia.

## Janeiro

### 21

"O primeiro em pedir desculpas é o mais valente. O primeiro em perdoar é o mais forte. O primeiro em esquecer é o mais feliz."

Ó Deus da fortaleza, que eu saiba pedir desculpas, perdoar e superar as ofensas sofridas.

### 22

"Não consigo imaginar um cristão que não saiba sorrir. Procuremos dar um testemunho alegre da nossa fé."

Ó Deus, quero viver sempre da fé que brota da alegria do vosso amor para comigo.

## 23

"Tenham coragem. Não tenham medo de sonhar coisas grandes."

Ó Deus da vida, dai-me capacidade e coragem para sonhar grande e acreditar sempre no valor supremo da vida.

## 24

"Se acumulas as riquezas como um tesouro, elas roubam-te a alma."

Ó Deus dos pequenos, que meu único tesouro seja vosso amor e vossa graça.

Janeiro

## 25

"Todos nós somos um vaso de barro, frágil e pobre, mas é imenso o tesouro que nele trazemos."

Ó Deus, sou imensamente agradecido porque sei que continuais a modelar-me com vossas mãos.

## 26

"Estamos irritados com alguém? Rezemos por essa pessoa. Isso é amor cristão."

Ó Deus da mansidão, que eu compreenda os erros de meu irmão, sem condená-lo por antecipação.

## Janeiro

## 27

"Seguir a Jesus significa dar-lhe o primeiro lugar, despojando-nos das muitas coisas que sufocam nosso coração."

Ó Deus de amor, confio em Vós e quero que sejais sempre o centro de minha vida.

## 28

"Não serve para muita coisa a riqueza do bolso, quando há pobreza no coração."

Ó Deus de bondade, convertei o meu coração para não colocar minha confiança nos bens que passam.

## 29

"Se você não reza, não fala com Jesus, então você não o conhece."

**Ó Deus Pai, ajudai-me a rezar e a falar com vosso Filho Jesus para mais amá-Lo e conhecê-Lo.**

## 30

"Não há necessidade de consultar um psicólogo para saber que quando você diminui o outro é porque você mesmo não consegue crescer e precisa que o outro seja rebaixado para você se sentir alguém."

**Ó Deus santo, que eu jamais queira diminuir ou rebaixar ninguém, mas que veja nas pessoas a vossa presença.**

# 31

**Janeiro**

"Deus é assim: Ele dá sempre o primeiro passo, Ele se move para nós."

**Ó Deus do caminho, que eu reconheça sempre a vossa presença, que busca e transforma o meu coração.**

# Fevereiro

## Fevereiro

### 1

"Você pode ter defeitos, ser ansioso, viver alguma vez irritado, mas não esqueça que a sua vida é a maior empresa do mundo."

**Ó Deus da vida, ajudai-me com vossa graça a valorizar sempre mais a vida que me foi dada como dom precioso.**

### 2

"Ser feliz é reconhecer que vale a pena viver a vida, apesar de todos os desafios, incompreensões e períodos de crise."

**Ó Deus, dai-me força e coragem para ultrapassar os desafios e superar as crises que surgem no caminho.**

Fevereiro

## 3

"Nunca renuncies às pessoas que te amam. Nunca renuncies à felicidade, pois a vida é um espetáculo incrível."

**Ó Deus de bondade, ensinai-me sempre mais a viver a vida com alegria e liberdade.**

## 4

"Não se pode viver sem os amigos: eles são importantes."

**Ó Deus de ternura, agradeço hoje por meus amigos; que eu reconheça seu imenso valor em minha vida.**

## Fevereiro

### 5

"Misericórdia é o caminho que une Deus e o homem."

Ó Deus amigo, dai-me a capacidade de experimentar a vossa misericórdia para comigo.

### 6

"A nossa vida é um caminho, quando paramos, não vamos para frente."

Ó Deus, não permitais que eu me canse da caminhada, mas que sempre encontre forças em vossa Palavra.

Fevereiro

## 7

"Os pobres estão no centro do
Evangelho, são o coração do Evangelho;
se tirarmos os pobres do Evangelho,
não podemos compreender plenamente
a mensagem de Jesus Cristo."

Ó Deus, concedei-me o dom da
simplicidade para servir aos empobrecidos
necessitados que mais sofrem.

## 8

"O amor de Deus vem sempre antes
do nosso! Ele toma sempre a iniciativa.
Ele espera-nos, convida-nos,
a iniciativa é sempre sua."

Ó Deus, que eu busque o vosso amor
como terra seca que anseia por água.

## 9

"Como cristãos, não podemos estar fechados em nós mesmos, mas sempre abertos aos outros, para os outros."

Ó Deus, que vossa força me ajude a estar aberto aos demais e jamais fechar-me no meu mundo.

## 10

"A misericórdia pode curar as feridas e transformar a história, porque a misericórdia divina é mais forte que o pecado humano."

Ó Deus do perdão, que a vossa misericórdia ajude a sarar as feridas da humanidade para que nosso mundo tenha mais sentido.

## Fevereiro

## 11

*"A santidade exige a doação sacrificada em cada dia; por isso o matrimônio é uma via mestra para tornar-se santo."*

Ó Deus Santo, que nossos casais possam dedicar toda a vida na busca da santidade que brota do amor a Cristo.

## 12

*"Onde Deus está não existe ódio, inveja e ciúmes, e não se fazem fofocas que matam os irmãos."*

Ó Deus do silêncio, fazei que em meu coração não haja ódio, inveja nem ciúmes, que acabam destruindo a vida dos demais.

## 13

*"Para fazer a paz é preciso coragem, muito mais do que para fazer a guerra. É preciso coragem para dizer sim ao encontro e não à briga."*

**Ó Deus da paz, que minha vida seja para construir caminhos de paz neste mundo tão violento e em guerra.**

## 14

*"Os corruptos são um perigo, já que são adoradores de si mesmos. Só pensam em si e consideram que não precisam de Deus."*

**Ó Deus, rezo hoje por tantas pessoas que se deixam corromper e vencer pelas tentações do ter e do poder.**

Fevereiro

## 15

"Nunca percamos a esperança! Deus nos ama sempre, mesmo com nossos erros e pecados."

Ó Deus da esperança, apesar dos meus erros e pecados, confirmai meu coração na esperança e ajudai-me a ser fiel.

## 16

"Numa família é normal cuidar de quem está necessitado. Não tenhas medo da fragilidade."

Ó Deus, dai-me forças para superar minhas fragilidades e compreensão com as necessidades e fragilidades dos outros.

## Fevereiro

## 17

"É preciso cuidar da terra para que possa continuar a ser, como Deus a quer, fonte de vida para toda a família humana."

Ó Deus do universo, ajudai-me a cuidar da terra como casa comum sempre frágil e necessitada de proteção.

## 18

"Jesus nunca está longe de nós, pecadores. Ele quer derramar sobre nós, sem medida, toda a sua misericórdia."

Ó Deus de compaixão, hoje quero pedir por todas as pessoas que se afastam, que negam vossa presença, para que experimentem vossa bondade.

Fevereiro

## 19

"O dinheiro tem que servir, não governar."

Ó Deus, concedei-me um coração simples, capaz de viver com pouco. Peço também por quem acumula riquezas e vive distante de Vós.

## 20

"A Quaresma é um tempo de graça, um tempo para a pessoa se converter e viver de maneira coerente com o próprio Batismo."

Ó Deus, convertei meu coração e transformai minha vida. Neste tempo especial quero estar mais próximo de Vós, atento ao bem que devo fazer.

## 21

*Fevereiro*

"Não tenho ouro nem prata, mas trago comigo o mais valioso: Jesus Cristo."

Ó Deus Pai, agradeço-vos por nos teres dado Jesus Cristo como nosso irmão e redentor. Ele é o nosso maior tesouro.

## 22

"Ao ateu, não diria que sua vida está condenada, porque estou convencido de que não tenho direito de fazer juízo sobre a honestidade dessa pessoa."

Ó Deus, que eu não julgue as pessoas antecipadamente, mas saiba reconhecer a honestidade presente em suas atitudes.

## 23

"Cuidemos do nosso coração porque é de lá que sai o que é bom e ruim, o que constrói e destrói."

**Ó Deus, vede meu coração e ajudai-me a não me desviar da vossa bondade, mantendo a retidão de minha vida.**

## 24

"Engana-se quem acha que a riqueza e o status atraem inveja. As pessoas invejam mesmo é o sorriso fácil, a luz própria, a felicidade simples e sincera e a paz interior."

**Ó Deus de bondade, concedei-me a mansidão para viver a vida com mais humor, felicidade e paz interior.**

## 25

"Aprendi que, para ter acesso ao Povo Brasileiro, é preciso ingressar pelo portal do seu imenso coração: por isso permitam-me que nesta hora eu possa bater delicadamente a esta porta."

Ó Deus, volvei o vosso olhar bondoso para o povo brasileiro para sejamos uma nação que vos adore e vos sirva.

## 26

"Deus não pertence a nenhum povo."

Ó Deus, hoje rezo por todos os povos para que reconheçam vossa ação em suas vidas e nos seus afazeres.

Fevereiro

## 27

"Algumas pessoas cuidam melhor de seus cães do que dos seus irmãos."

Ó Deus de amor, ajudai-me a preservar a natureza e a amar meus irmãos. Que nada seja maior que meu semelhante, a quem quero amar muito.

## 28

"Apenas os que dialogam podem construir pontes e vínculos."

Ó Deus, ofereço minha vida e minha capacidade de dialogar para construir pontes que levem as pessoas a se encontrarem de verdade.

# 29

**Fevereiro**

"A sobriedade é a capacidade de renunciar ao supérfluo e resistir à lógica consumista dominante."

Ó Deus da leveza, que eu saiba viver com menos, resistindo ao supérfluo, dando valor ao que mais vale a pena.

# Março

## Março

### 1

"Há tanto barulho no mundo. Aprendamos a estar em silêncio dentro de nós mesmos e diante de Deus."

**Ó Deus, ensinai-me a silenciar e a buscar vossa vontade em minha vida.**

### 2

"Os direitos humanos são violados não só pelo terrorismo, pela repressão, pelos assassinatos, mas também pela existência de extrema pobreza e de estruturas econômicas injustas, que originam as grandes desigualdades."

**Ó Deus da simplicidade, que minha prece ajude a temperar as realidades e a ser luz em meio às trevas deste mundo.**

Março

## 3

"A Quaresma é tempo para regular os sentidos, abrir os olhos para tantas injustiças e abrir o coração para o irmão que sofre."

Ó Deus de bondade, que meu coração esteja atento a todos os que sofrem.

## 4

"Deus sempre nos reserva o melhor. Mas pede que nos deixemos surpreender pelo seu amor, que acolhamos as suas surpresas."

Ó Deus, que eu saiba acolher vossas surpresas e surpreender-me com vosso amor a cada dia.

Março

## 5

"O cristão não pode ser pessimista! Não pode ter uma cara de quem parece estar num constante estado de luto."

**Ó Deus da alegria, fazei que eu seja sempre otimista em meio ao desânimo das pessoas que estão ao meu redor.**

## 6

"Que nos defendamos de tudo o que é mundanismo, imobilismo. Defendamo-nos do que é comodidade e de tudo aquilo que é viver fechados em nós mesmos."

**Ó Deus, livrai-nos das coisas mundanas e não permitais que meu coração se feche aos outros.**

## 7

"Bote fé, bote esperança, bote amor, que a sua vida terá novo sabor."

Ó Deus do amor, que minha vida ajude a dar novo sabor às pessoas e realidades deste mundo.

## 8

"A mulher na Igreja é mais importante que os bispos e os padres."

Ó Deus, que eu saiba reconhecer e valorizar o imenso valor da mulher na vida da Igreja e da sociedade.

## 9

"Deixem que Cristo e a sua Palavra entrem na vida de vocês, deixem entrar a semente da Palavra de Deus, deixem que germine, deixem que cresça."

**Ó Deus, ajudai-me a acolher vossa Palavra e a fazê-la germinar e crescer diariamente.**

## 10

"Por favor, não deixem para outros o ser protagonista da mudança! Vocês são aqueles que tem o futuro."

**Ó Deus da esperança, que eu saiba construir hoje o futuro que desejo para mim e para todas as pessoas do mundo.**

## Março

### 11

"Evangelizar significa testemunhar pessoalmente o amor de Deus, significa superar os nossos egoísmos, significa servir, inclinando-nos para lavar os pés dos nossos irmãos, tal como fez Jesus."

Ó Deus, ensinai-me a dar testemunho do vosso amor que experimento em minha vida, sobretudo no serviço humilde a quem precisa de mim.

### 12

"Não tenham medo de ser generosos com Cristo, de testemunhar o seu Evangelho."

Ó Deus da vida, quero dar testemunho da Boa-Nova do Reino, vencendo o medo e servindo a Cristo com generosidade.

## 13

*Março*

"Mostrem com a vida que vale a pena gastar-se por grandes ideais, valorizar a dignidade de cada ser humano, e apostar em Cristo e no seu Evangelho."

**Ó Deus, dai-me força para gastar minha vida na valorização da dignidade de cada pessoa, sobretudo daquelas que mais sofrem.**

## 14

"Não é a liberação das drogas que irá reduzir a dependência química."

**Ó Deus da liberdade, hoje quero rezar especialmente por quem vive sob o peso da dependência química de qualquer tipo.**

## 15

"Como seria belo se cada um pudesse dizer, ao fim do dia: hoje realizei um gesto de amor pelos outros."

**Ó Deus de amor, quero servir aos meus irmãos com gestos de amor e paz.**

## 16

"Tudo aquilo que se compartilha, se multiplica."

**Ó Deus, que eu saiba compartilhar todos os dons que Vós me destes, fazendo multiplicar o bem neste mundo.**

## 17

*Março*

"A verdadeira riqueza não está nas coisas, mas no coração."

Ó Deus, mudai meu coração para compreender o amor imenso que tens por mim e que eu seja mais generoso e simples.

## 18

"A violência só pode ser vencida a partir da mudança do coração humano."

Ó Deus da paz, que minhas palavras e ações ajudem a vencer qualquer tipo de violência.

## Março

## 19

"Aprendei de São José, que teve momentos difíceis, mas não perdeu a confiança, e soube superá-los."

Ó Deus Pai, como São José, que eu saiba confiar mais em Vós e me colocar inteiramente ao vosso serviço.

## 20

"Entre a indiferença egoísta e o protesto violento, há uma opção sempre possível: o diálogo."

Ó Deus, ajudai-me a compreender o valor do diálogo e a superar qualquer atitude egoísta e violenta.

Março

## 21

"Estamos irritados com alguém?
Rezemos por essa pessoa.
Isso é amor cristão."

Ó Deus de amor, que eu saiba
respeitar o jeito de ser de cada
pessoa e a rezar mais por aquelas
que me causam alguma irritação.

## 22

"Ser cristão não se reduz a cumprir
mandamentos, mas é deixar que Cristo
tome posse da nossa vida e a transforme."

Ó Deus, aumentai a minha fé, para
que minha vida seja transformada
diariamente por Cristo.

Março

## 23

"O futuro exige hoje reabilitar a política, uma das formas mais altas de caridade."

**Ó Deus, hoje rezo por todos os que entram na vida pública, para que coloquem a opção política a serviço do bem comum.**

## 24

"Adorar a Deus significa aprender a estar com Ele, despojar-nos dos nossos ídolos escondidos e colocar o Senhor no centro da nossa vida."

**Ó Deus, quero amar-vos sempre mais e adorar-vos com todo o meu coração.**

## 25

"O amor de Cristo e a sua amizade não são ilusórios. Jesus na Cruz mostra como eles são reais."

Ó Deus de amor, fazei que eu compreenda o vosso imenso amor para comigo, manifestado na morte e ressurreição de vosso Filho, que se entregou para que eu tivesse mais vida.

## 26

"Como é bom ser acolhido, com amor, generosidade e alegria."

Ó Deus, que eu saiba acolher e amar muito as pessoas que estão ao meu redor com maior alegria e mais generosidade.

## Março

## 27

"É Deus que dá a vida. Respeitemos e amemos a vida humana, especialmente a vida indefesa no ventre de sua mãe."

Ó Deus da vida, ajudai-me a defender a vida, sobretudo das crianças indefesas ainda no ventre materno.

## 28

"Não há esforço de pacificação duradouro com uma sociedade que abandona parte de si mesma."

Ó Deus da paz, quero ajudar a construir um mundo marcado pelos valores do Reino sem deixar ninguém abandonado e excluído.

## 29

"Não há lugar para o idoso, nem para o filho indesejado; não há tempo para se deter com o pobre caído à margem da estrada."

Ó Deus, dai-me forças para que eu possa cuidar das pessoas marginalizadas: idosos, empobrecidos, abandonados etc.

## 30

"Podemos caminhar o quanto quisermos, podemos edificar um monte de coisas, mas, se não confessarmos Jesus Cristo, está errado."

Ó Deus, ajudai-me a colocar minha confiança em Jesus Cristo e com Ele caminhar e construir um mundo melhor.

Março

# 31

"Tantas pessoas e também nossos jovens experimentam o fascínio de tantos ídolos que se colocam no lugar de Deus e parecem dar esperança: dinheiro, poder, sucesso e prazer."

Ó Deus eterno, favorecei-me com vossa graça, a fim de que eu possa vencer todo tipo de ídolo que quer tomar vosso lugar em minha vida.

# Abril

## Abril

### 1

"A amizade é um dos presentes maiores que uma pessoa poder ter e pode oferecer. Como é difícil viver sem amigos."

Ó Deus amigo, que eu saiba valorizar e amar mais as pessoas minhas amigas.

### 2

"Como eu desejo uma Igreja pobre e para os pobres."

Ó Deus da simplicidade, dai-me um coração mais pobre para viver com menos coisas, valorizando o que realmente vale a pena, e ajudando a quem mais precisa.

## Abril

### 3

"Não devemos marginalizar homossexuais. É preciso integrá-los à sociedade."

**Ó Deus uno, que eu saiba reconhecer as diferenças e não discriminar ninguém.**

### 4

"Eu não quero uma Igreja tranquila. Quero uma Igreja missionária."

**Ó Deus de bondade, concedei-me com um coração missionário, sempre atento ao bem que devo fazer.**

**Abril**

## 5

"Tenham a coragem de caminhar contracorrente e de não deixar que a esperança lhes seja roubada por valores que fazem mal, como o alimento estragado."

Ó Deus da esperança, fazei que minha vida e meu testemunho seja como o sal que dá sabor e conserva as boas coisas neste mundo.

## 6

"As atitudes exteriores são a consequência daquilo que decidimos no coração. Se o coração não muda, não somos verdadeiros cristãos."

Ó Deus de amor, fazei meu coração semelhante ao Coração de Jesus, que tanto nos amou.

## Abril

# 7

> "Alimentar-se do Pão da Vida significa entrar em sintonia com o Coração de Cristo, assimilar as suas escolhas, os seus pensamentos, os seus comportamentos."

Ó Deus da intimidade, que eu possa alimentar-me da vossa Vida revelada nos sacramentos para que meu coração viva a felicidade do encontro Convosco.

# 8

> "Ir ao encontro de todos sustentado pelo desejo de propor com vigor, beleza e simplicidade a boa notícia do amor de Deus."

Ó Deus de amor, fazei-me instrumento da vossa presença neste mundo, dando os frutos que quereis de minha vida.

## Abril

## 9

"A Igreja deve ser o lugar da misericórdia gratuita, onde todos possam sentir-se acolhidos, amados, perdoados e animados a viver segundo a vida boa do Evangelho."

Ó Deus da misericórdia, ajudai-me a estar presente na Igreja como pedra viva que ajuda na construção, dando testemunho da Boa-Nova de Cristo.

## 10

"Invoquemos o Espírito Santo todos os dias: Ele nos guia pela estrada dos discípulos de Jesus."

Ó Deus da consolação, que eu reconheça sempre a presença do vosso Espírito agindo em minha vida, dando-me força para abraçar minha cruz neste mundo.

## 11

"Como o Bom Samaritano, não nos envergonhemos de tocar as feridas de quem sofre, mas procuremos curá-las com gestos concretos de amor."

Ó Deus da salvação, ajudai-me a ser "presença samaritana" na vida de tantas pessoas que sofrem e vivem abandonadas.

## 12

"A humildade que nos faz conscientes a cada dia de que não somos nós a construir o Reino de Deus, mas é sempre a graça do Senhor que age em nós."

Ó Deus, concedei-me a graça de confiar mais em Vós e servir às pessoas com mais humildade e mansidão.

Abril

## 13

"Sempre que possível, dê um sorriso a um estranho na rua. Pode ser o único gesto de amor que ele verá no dia."

**Ó Deus da alegria, ajudai-me a ser testemunha alegre e feliz do quão importante é acolher a quem sofre e está marginalizado.**

## 14

"A nossa alegria não nasce do fato de possuirmos muitas coisas, mas de termos encontrado uma pessoa: Jesus Cristo."

**Ó Deus salvador, hoje quero agradecer-vos por teres enviado o vosso Filho Jesus Cristo ao mundo para ser nosso irmão e salvador.**

## 15

"A vossa vocação é o serviço.
O nosso serviço exprime-se na tutela
dos indivíduos e do ambiente, na atividade
a favor da segurança, do respeito às regras
da convivência civil e do bem comum."

Ó Deus, confirmai-me na vocação
de servir a Vós e aos meus irmãos e
a cuidar do nosso mundo como a casa
comum de toda a humanidade.

## 16

"Jesus, o Amor encarnado, morreu
na cruz pelos nossos pecados, mas
Deus Pai o ressuscitou e o fez Senhor
da vida e da morte."

Ó Deus da vida, vos louvo e
vos agradeço todos os dias pelo
amor redentor de Jesus, que deu a vida
para a salvação de todos nós.

## Abril

## 17

"Em Jesus, o Amor triunfou sobre o ódio, a misericórdia sobre o pecado, o bem sobre o mal, a verdade sobre a mentira, a vida sobre a morte."

Ó Deus de misericórdia, que eu saiba reconhecer e agradecer todos os dias o imenso amor de Jesus, que venceu o ódio pelo perdão e pela vida doada.

## 18

"Todos nós somos pecadores, mas, ao mesmo tempo, também temos a necessidade de seguir Jesus de perto, sem perder a esperança na promessa e sem perder o bom humor."

Ó Deus de perdão, concedei-me a capacidade de saber-me seguidor de Jesus e de viver a vida com mais alegria e bom humor.

## Abril

## 19

"Quem recebe a Eucaristia não o faz porque é melhor que os outros, mas porque se reconhece sempre necessitado de ser acolhido pela misericórdia de Deus feita carne em Jesus Cristo."

Ó Deus, aumentai minha fé na Eucaristia e que eu viva sempre envolvido por vossa misericórdia revelada por Jesus Cristo.

## 20

"A sombra de Deus em nossas vidas nos ajuda a descobrir o nosso mistério do encontro com o Senhor, do caminho da vida com Ele."

Ó Deus de ternura, que eu perceba o mistério do vosso amor para comigo revelado pela pessoa e ação de Jesus Cristo.

## 21

"Quem é da luz não mostra sua religião, e sim o seu amor."

**Ó Deus de amor, quero ser instrumento de amor e revelar a luz da presença do Espírito Santo em minha vida.**

## 22

"É preciso reconhecer e aceitar na vida a centralidade de Jesus, nos pensamentos, nas palavras e nas ações."

**Ó Deus, que eu saiba reconhecer e colocar Jesus como a razão mais importante de minha existência. Orientai meus pensamentos, minhas palavras e ações.**

## 23

"Todos nós, se queremos ser apóstolos, devemos perguntar-nos: eu rezo pela salvação do mundo e anuncio o Evangelho?"

Ó Deus eterno e bondoso, ofereço minha vida na oração diária pela salvação do mundo e pelos desafios da humanidade.

## 24

"Há sempre uma missão. Seguimos o caminho de Jesus para fazer algo, não é um show, mas para realizar uma missão."

Ó Deus, que eu saiba compreender o significado mais profundo de ser cristão: ser testemunha e viver como missionário a serviço do Reino.

## Abril

## 25

"Na realidade, é justamente assim: cada 'sim' a Deus é um passo para o Céu, para a vida eterna."

Ó Deus eterno, firmai meus passos e cuidai do meu coração para que minha vida seja um grande "sim" para Vós.

## 26

"Neste tempo de rápidas mudanças sociais e culturais, a proteção dos dons de Deus não pode não incluir a afirmação e a defesa do grande patrimônio de verdade moral ensinado pelo Evangelho."

Ó Deus fonte da verdade, que eu seja capaz de não deixar me levar por outros projetos, outras vozes que tentam ofuscar vossa presença neste mundo.

## Abril

## 27

"O Espírito Santo transforma-nos verdadeiramente e, através de nós, quer transformar também o mundo onde vivemos."

Ó Deus, fortalecei-me com o Espírito Santo para que eu possa ser instrumento de transformação neste mundo.

## 28

"A novidade que Deus dá à nossa vida é definitiva, e não apenas no futuro, quando estivermos com Ele, mas já hoje. Deus está fazendo novas todas as coisas."

Ó Deus, conservai em mim a capacidade de perceber vossa presença renovando todas as coisas, pois convosco tudo sempre é novo!

## Abril

## 29

"Cada um de nós sabe como o Senhor age misteriosamente em nosso coração e em nossa alma."

Ó Deus, peço-vos que continueis a sondar meu coração e meu ser para que minha vida revele vossa presença e amor.

## 30

"Ser Igreja significa ser povo de Deus, de acordo com o grande projeto de amor do Pai. Isso implica ser o fermento de Deus no meio da humanidade."

Ó Deus de amor, fazei que o fermento de minha vida ajude a fazer crescer as coisas boas do Reino neste mundo.

# Maio

## Maio

# 1

"Penso em todos os que estão desempregados, frequentemente por causa de uma mentalidade egoísta, que procura o lucro a todo custo."

Ó Deus, força dos que trabalham, concedei vossa proteção a todos os trabalhadores e trabalhadoras que ajudam a construir um mundo melhor com a criatividade e o suor.

# 2

"Seria maravilhoso, no mês de maio, rezar juntos, em família. A oração faz com que a vida familiar torne-se ainda mais sólida."

Ó Deus, quero rezar por minha família e comprometer-me a favorecer algum espaço de oração juntos nalgum momento da semana ou do mês.

## Maio

## 3

"Escutamos o Canto de Maria, o Magnificat: é o cântico da esperança, é o cântico do Povo de Deus em caminho na história. Onde tem a Cruz, para nós cristãos, tem a esperança, sempre."

Ó Deus de ternura, como a Mãe de Jesus, quero também cantar as vossas maravilhas e viver minha vida com mais alegria e gratidão.

## 4

"Não se cansem de trabalhar por um mundo mais justo e solidário."

Ó Deus bondoso, ajudai-me a não cansar de fazer o bem e a trabalhar por um mundo melhor, com mais justiça e solidariedade.

## Maio

## 5

"Jesus com a sua cruz atravessa os nossos caminhos para carregar os nossos medos, os nossos problemas, os nossos sofrimentos, mesmo os mais profundos."

Ó Deus da vida, que eu saiba abraçar a cruz de cada dia, sabendo que posso contar com a presença de Jesus, que venceu a morte na Cruz e deu-nos vida nova.

## 6

"Também os mais frágeis e mais vulneráveis, os doentes, os anciãos, os nascituros e os pobres são obras-primas da criação de Deus, feitos à sua imagem, destinados a viver para sempre, e merecedores da máxima reverência e respeito."

Ó Deus, refúgio dos que sofrem, fazei que eu possa reverenciar e respeitar tantas pessoas frágeis que necessitam de ajuda e maior cuidado.

## 7

"Só uma mãe e um pai podem decidir com alegria, orgulho e responsabilidade: Vamos ser pais, concebermos o nosso filho."

**Ó Deus Pai e Mãe, hoje rezo por meus pais e por tantos casais: que eles possam acolher com amor os filhos e que cuidem deles como um presente valioso.**

## 8

"A vida cristã não é uma colagem de coisas. É uma totalidade harmoniosa, feita pelo Espírito Santo que renova tudo: o nosso coração, a nossa vida e nos faz viver num estilo diferente, num estilo que envolve toda a vida. Não se pode ser cristão pela metade, a tempo parcial."

**Ó Deus de amor, ajudai-me a ser cristão de verdade, oferecendo minha vida e seguindo Cristo como Ele merece.**

*Maio*

## Maio

## 9

"Uma Igreja sem Maria é um orfanato."

Ó Deus de bondade, agradeço hoje pela vida da Mãe de Jesus e Mãe nossa por sua liberdade em acolher a vontade de Deus.

## 10

"As orações sempre chegam à glória de Deus quando vêm do coração."

Ó Deus glorioso, olhai meu coração e ajudai-me a rezar com sinceridade para manter-me unido à vossa glória e santidade.

Maio

## 11

"Deus nos impulsiona a sair do individualismo, da tendência de nos fechar em nós mesmos e nos chama a fazer parte de sua família."

Ó Deus, confiando em vossa bondade, auxiliai-me com vossa graça a fazer parte de vossa família sem fechar-me e isolar-me em meu mundo.

## 12

"Não é fácil quando os nossos inimigos nos fazem sofrer. Às vezes, temos vontade de vingar-nos."

Ó Deus de amor, concedei-me a graça de vencer com amor, mesmo sabendo que nem sempre é fácil. Ajudai-me a amar os que me ofendem e me fazem o mal.

## 13

"Quando encontrarmos a cruz, dirijamo-nos a Nossa Senhora: Mãe nossa, dai-nos fortaleza de aceitar e abraçar a cruz."

Ó Deus da confiança, hoje rezo com a Mãe de Jesus para que eu possa ter forças para abraçar a minha cruz de cada dia.

## 14

"Jesus não está no passado, mas vive no presente e lança-se para o futuro. É o 'hoje' eterno de Deus."

Ó Deus da eternidade, agradeço por minha vida e peço-vos a sabedoria para reconhecer a vossa presença agindo em todos os momentos da história.

Maio

## 15

"A verdadeira riqueza é o amor de Deus compartilhado com os irmãos. O amor que vem de Deus, faz com que compartilhemos e ajudemo-nos mutuamente."

Ó Deus de amor, que eu saiba amar melhor a quem está ao meu redor, reconhecendo o amor como a maior riqueza que tenho em minha vida.

## 16

"Quando a Igreja perde a coragem, entra nela uma atmosfera morna. Cristãos mornos, sem coragem, sem horizontes."

Ó Deus, fortalecei-me com a força que vem da oração e com a coragem do Evangelho para ser instrumento de vossa bondade neste mundo.

Maio

## 17

"Sejamos guardiões da criação,
do desígnio de Deus escrito na natureza,
guardiões do outro, da natureza; não
deixemos que sinais de morte e destruição
acompanhem o nosso caminho."

Ó Deus, ajudai-me a reconhecer
a vossa presença agindo no mundo
e a cuidar da Casa Comum como dom
preciso a ser preservado e defendido.

## 18

"Cristãos mornos são aqueles que
querem construir uma Igreja do seu modo,
mas essa não é a Igreja de Jesus."

Ó Deus, que eu saiba compreender
a beleza de ser Igreja e a colocar minha
vida na construção da Igreja de Cristo
aqui na terra.

## 19

**Maio**

"A misericórdia não é um sentimento passageiro, mas é a síntese da Boa-Nova."

Ó Deus de misericórdia, ajudai-me a ser misericordioso e compassivo, agindo assim sobretudo com quem mais sofre.

## 20

"A Ressurreição nos abre à esperança maior, porque abre a nossa vida e a vida do mundo ao futuro eterno de Deus, à felicidade plena, à certeza que o mal, o pecado, a morte, podem ser vencidos."

Ó Deus da vida, agradeço pela Ressurreição de Jesus e pela vitória da vida sobre a morte. Que eu seja instrumento de vossa presença neste mundo.

Maio

## 21

"A doutrina cristã não é um sistema fechado e incapaz de gerar perguntas, dúvidas e interrogações, mas é viva e inquieta. A doutrina cristã se chama Jesus Cristo."

Ó Deus, ajudai-me a deixar que a vida de Cristo esteja sempre presente em minha vida para que eu possa dizer "Ele vive em mim".

## 22

"Pela misericórdia e a 'revolução da ternura', Cristo visita o coração de cada um."

Ó Deus da ternura, peço-vos que habiteis meu coração para que eu aja com misericórdia e ternura com aqueles que se aproximarem de mim.

## 23

"Três palavras sintetizam o comportamento de Maria: escuta, decisão, ação. São palavras que indicam um caminho diante do que o Senhor nos pede na vida."

Ó Deus, favorecei-me com vossa bondade para que eu saiba escutar, decidir e agir como fez Maria, a Mãe de Jesus.

## 24

"Um cristão nunca pode andar chateado nem triste. Quem ama Cristo é uma pessoa cheia de alegria e que irradia alegria."

Ó Deus da alegria, peço-vos confiante um espírito de bom humor para revelar a alegria de amar a Cristo, mesmo nos momentos duros da vida.

## 25

"É de Maria que se aprende o verdadeiro discipulado."

Ó Deus, ajudai-me a ser discípulo de Jesus Cristo como Maria de Nazaré, que foi Mãe atenta e seguidora fiel.

## 26

"O Domingo é o dia do Senhor: encontremos o tempo para estar com Ele."

Ó Deus, ajudai-me a reservar um tempo diário para estar convosco e a celebrar semanalmente os Mistérios de Jesus Cristo com minha Comunidade.

## 27

"Deixemos que Jesus entre na nossa vida, saindo do egoísmo, das indiferenças e de ficar fechado aos demais."

Ó Deus, agradeço-vos por nos teres dado Jesus e vos peço que minha vida seja preenchida por vosso projeto de amor e de bondade.

## 28

"Cristo, na cruz, ensina-nos a amar até aqueles que não nos amam."

Ó Deus, peço-vos que meu sofrimento não me afaste de Vós. Concedei-me forças para perdoar a quem me ofende e não me ama.

Maio

Maio

## 29

"Podemos levar o Evangelho aos outros, se ele permear profundamente a nossa vida."

Ó Deus, ajudai-me a viver melhor a Boa Notícia do Reino para dar gosto às realidades sem-sabor deste mundo.

## 30

"Jovens, não tenham medo do compromisso, do sacrifício e não olhem para o futuro com medo, mantenham viva a esperança: há sempre uma luz no horizonte."

Ó Deus, hoje rezo especialmente por tantos jovens para que descubram o sentido mais pleno de suas vidas e deixem-se iluminar pela vida de Cristo.

# 31

Maio

"Aprendamos, da Virgem Maria, a ter mais coragem para seguir a Palavra de Deus."

Ó Deus bondoso, peço-vos coragem e entusiasmo para seguir a vossa Palavra e, como a Virgem Maria, colocar minha vida a serviço de um projeto maior.

# Junho

## Junho

### 1

"Acreditar não significa estar livre de momentos difíceis, mas ter a força para enfrentá-los, sabendo que não estamos sozinhos."

**Ó Deus da confiança, ajudai-me com vossa força para enfrentar os momentos complicados e difíceis de minha vida.**

### 2

"Do coração de Jesus, cordeiro imolado na cruz, brotam o perdão e a vida para todas as pessoas."

**Ó Deus, agradeço-vos por vossa bondade imensa manifestada em Jesus, que por nós morreu na cruz e ressuscitou.**

## Junho

## 3

"A fé não é algo decorativo, ornamental. Ter fé significa colocar Cristo realmente no centro da nossa vida."

Ó Deus da esperança, aumentai minha fé para que a razão de minha vida seja Cristo e o seu Reino.

## 4

"Porque sentimos tanta dificuldade em suportar os defeitos dos outros? Esquecemos que Jesus suportou todos os nossos pecados?"

Ó Deus de perdão, ajudai-me a compreender as dificuldades dos outros e a se sentir-me mais amado e perdoado por Vós.

## 5

*"Sem o relacionamento constante com Deus, a missão torna-se apenas um ofício."*

**Ó Deus, que meu esforço diário se transforme em perene oração para estar sempre conectado convosco.**

## 6

*"O perdão é a assepsia da alma, a faxina da mente e a alforria do coração."*

**Ó Deus compassivo, que eu saiba perdoar sempre a quem me ofende e que não guarde rancor e mágoa de ninguém.**

Junho

## 7

"Combater o mal significa dizer não ao ódio fratricida, a todas as formas de violência, à proliferação de armas e seu comércio ilegal."

Ó Deus da mansidão, ajudai-me para que minha ações e atitudes ajudem a promover a paz neste mundo tantas vezes violento.

## 8

"Onde a minoria é perseguida e marginalizada, o bem de toda a sociedade corre perigo."

Ó Deus de amor, rezo hoje por todas as minorias humanas que sofrem discriminação e são perseguidas.

## Junho

### 9

"A guerra é sempre uma derrota para a humanidade."

Ó Deus da paz, que o contato com vossa presença em minha vida me torne um instrumento de paz entre as pessoas.

### 10

"Não se pode anunciar a Cristo com cara de cemitério."

Ó Deus, concedei-me aquela alegria interior de saber-me amado por Vós, para que eu testemunhe vosso amor neste mundo.

## 11

"Ser cristão não é uma casualidade, mas um chamado de amor."

Ó Deus, ajudai-me a reconhecer o imenso amor que tendes por mim e fortalecei-me no seguimento de Cristo.

## 12

"Adorar a Deus significa aprender a estar com Ele, despojar-nos dos nossos ídolos escondidos e colocar o Senhor no centro da nossa vida."

Ó Deus, quero estar sempre convosco, revelando a Vós, que sois o Senhor, em meu modo de agir e de viver com as pessoas.

## 13

"Os pobres, os doentes, os marginalizados, os abandonados são a carne de Cristo."

**Ó Deus da simplicidade, ajudai-me a reconhecer vossa presença nos que mais sofrem neste mundo e a servi-los como a Vós.**

## 14

"Todos nós devemos pedir esta graça: Senhor, dá-me senso de humor."

**Ó Deus da alegria, que meu ser revele a felicidade de ser cristão e de me saber amado por Vós.**

## Junho

## 15

"Não devemos ter medo de ser um cristão e de viver como cristãos."

Ó Deus, ajudai-me a viver melhor no seguimento de Cristo e a ser cristão de verdade a cada dia.

## 16

"Quem sente a presença de Cristo na vida torna-se uma pessoa livre."

Ó Deus, concedei-me um coração que reconheça a presença de Cristo em minha vida me fazendo cada vez mais livre.

Junho

## 17

"A minha esperança é que, além da festa do esporte, a Copa do Mundo possa tornar-se a festa da solidariedade entre os povos."

Ó Deus, inspirai as pessoas para que o esporte seja para a diversão e para o lazer, e não somente para a disputa e para ganhar dinheiro.

## 18

"Crer significa deixar-se a si mesmo, sair da comodidade e rigidez do próprio eu para centrar a vida em Jesus Cristo."

Ó Deus de bondade, ajudai-me a sair da comodidade e da rigidez interior que não me deixam acreditar nem confiar plenamente em Cristo.

## 19

"Não há tempo a perder; não é preciso esperar o consenso de todos, é preciso ir e anunciar. A todos se leva a paz de Cristo, e, se não a acolhem, se segue em frente."

Ó Deus da paz, quero levar a paz que vem de Cristo a todas as realidades deste mundo e, para isso, conto com vossa presença junto a mim.

## 20

"Não murmuremos dos outros pelas costas, mas digamos-lhes abertamente o que pensamos."

Ó Deus, fazei que eu viva sempre na verdade e que não fique murmurando e levantando falso testemunho contra as pessoas.

## 21

*"A ternura de Deus se expressa nos sinais."*

Ó Deus da ternura, abri os olhos do meu entendimento para reconhecer vossa presença nos sinais deste mundo que falam de Vós.

## 22

*"A família não nasce pronta, constrói-se aos poucos, e é o melhor laboratório do amor."*

Ó Deus de amor, agradeço por minha família e rezo também por tantas famílias que se encontram em dificuldades para que se amem sempre mais.

## 23

"Não devemos confundir falsa humildade com santidade, nem covardia com mansidão."

Ó Deus, peço-vos a capacidade de viver com mansidão e humildade, ampliando assim meu caminho de santidade.

## 24

"O maior pecado de hoje é que as pessoas perderam o sentido do pecado."

Ó Deus do perdão, coloco diante de Vós todo o meu ser e peço-vos o perdão que me coloca de pé e envia para a missão.

## 25

"Para cada cristão, Jesus tem
uma promessa e uma missão."

Ó Deus, agradeço muito a vossa presença
em minha vida e peço-vos para mais amar e
servir a Cristo e ao seu Reino.

## 26

"A mágoa é um veneno que intoxica e mata."

Ó Deus de misericórdia, que eu saiba
perdoar de verdade, sem guardar mágoa
ou rancor contra ninguém.

## Junho

## 27

"Na Cruz de Cristo, está todo o amor de Deus, a sua imensa misericórdia. E esse é um amor em que podemos confiar, em que podemos crer."

**Ó Deus de amor, confiado na força da Cruz de Cristo, que eu saiba abraçar diariamente o fardo de cada dia sem reclamar ou maldizer.**

## 28

"Na vida cristã e na igreja também há estruturas antigas e frágeis. Devemos renová-las."

**Ó Deus, ajudai-me a modificar as estruturas que já não mais ajudam a vida e que precisam ser renovadas.**

## 29

*Junho*

"A luz da fé ilumina todas as nossas relações e ajuda-nos a vivê-las em união com o amor de Cristo, para vivê-las como Ele."

**Ó Deus de bondade, cuidai do meu amor e da minha fé para viver bem meus relacionamentos com as pessoas.**

## 30

"Tenham sempre no coração esta certeza: Deus caminha a seu lado, nunca lhes deixa desamparados. Nunca percam a esperança! Nunca deixem que ela se apague em vossos corações."

**Ó Deus da esperança, confio em Vós e peço que caminhes sempre comigo para manter acesa a chama da esperança.**

# Julho

## Julho

### 1

"Os alimentos que se jogam no lixo, são alimentos que se roubam da mesa do pobre, do que tem fome."

Ó Deus, agradeço pelo alimento de cada dia e peço-vos a graça de partilhar o que tenho para que ninguém passe fome neste mundo.

### 2

"Quando perguntaram a Madre Teresa de Calcutá o que devia mudar na Igreja, ela respondeu: você e eu!"

Ó Deus de bondade, ajudai-me a mudar tudo aquilo que não me deixa ser o que desejais de mim.

## Julho

### 3

"Que seja garantida a proteção jurídica do embrião e que o ser humano seja protegido desde o primeiro instante de sua existência."

Ó Deus da vida, peço-vos hoje por toda a vida ameaçada, sobretudo por quem ainda nem nasceu.

### 4

"A violência só pode ser vencida a partir da mudança do coração humano."

Ó Deus da paz, concedei-me a mudança interior necessária para mudar as situações violentas do mundo.

julho

## 5

"Não se cansem de trabalhar por
um mundo mais justo e solidário."

Ó Deus, fortalecei meu ser para continuar
firme no trabalho por um mundo mais justo,
solidário e fraterno.

## 6

"A praga do narcotráfico exige um
ato de coragem de toda a sociedade."

Ó Deus, rezo por tantas pessoas,
sobretudo os jovens, dependentes químicos,
e também pela conversão dos que matam
a vida por causa do narcotráfico.

**Julho**

# 7

*"Não existem mães solteiras, existem mães com filhos."*

**Ó Deus de bondade, peço-vos que fortaleçais o coração de tantas mães obrigadas a cuidar sozinhas de seus filhos.**

# 8

*"Tenho a certeza de que vocês não querem viver na ilusão de uma liberdade que se deixe arrastar pelas modas e conveniências do momento."*

**Ó Deus, fortalecei meu coração para não ceder à ilusão passageira do modismo, mas acolher a liberdade que vem de Vós.**

## Julho

### 9

"Sei que vocês querem ser um terreno bom, não querem ser cristãos pela metade, nem engomadinhos, nem cristãos de fachada, mas sim autênticos."

Ó Deus, peço-vos a graça de não ser cristão pela metade, que meu coração seja terra boa para germinar vossa Palavra e fazer vossa vontade.

### 10

"Em Jesus encontrei aquele que é capaz de estimular o melhor de mim mesmo."

Ó Deus, agradeço pela Vida de Jesus e quero que Ele seja a razão mais importante da minha vida e das minhas ações.

Julho

## 11

"Prefiro uma família com rosto cansado pelos sacrifícios aos rostos maquiados que não sabem o que é ternura ou compaixão."

Ó Deus, rezo por minha família, que Vós conheceis, e peço que fortaleçais o coração de cada um de nós.

## 12

"Seria belo dizer: hoje realizei um gesto de amor pelos outros!"

Ó Deus de amor, despertai em meu ser o desejo de servir com mais amor e gratidão a quem precisa de mim.

## 13

"Mentes fechadas e corações
endurecidos são os desertos
da atualidade."

**Ó Deus, ajudai-me a abrir minha
inteligência e meu coração para
reconhecer a maravilha que é viver
e quão importante é ser útil.**

## 14

"O Senhor ama mudar a realidade a
partir de dentro, com paciência e amor."

**Ó Deus, ajudai-me no esforço que
ainda tenho de fazer para ser a obra
de arte que Vós desejais que eu seja.**

Julho

## 15

"Quem diz acreditar em Deus deve ser um homem ou uma mulher de paz."

**Ó Deus da paz, peço-vos a graça de viver em paz e construir um mundo de paz ao meu redor.**

## 16

"Por quanto tempo a maldade humana vai continuar a semear a violência e o ódio em nosso mundo, colhendo vítimas inocentes?"

**Ó Deus da esperança, fazei que eu não me canse de lutar pela paz com atitudes não violentas e protegei as pessoas que sofrem.**

## 17

"O homem precisa de conhecimento, precisa de verdade, porque sem ela não se mantém de pé, não caminha."

Ó Deus, força dos caminham, firmai meus passos e não me deixeis vacilar, pois nem sempre é fácil andar nos vossos caminhos.

## 18

"Diante da cultura da indiferença, nosso estilo de vida deve estar repleto de piedade, de empatia, de compaixão e de misericórdia, que extraímos a cada dia do poço da oração."

Ó Deus, ajudai-me a encontrar na oração a força para ser mais compassivo e misericordioso com todas as pessoas.

Julho

## 19

"Em um mundo geralmente duro com o pecador e indulgente com o pecado, é necessário cultivar um forte sentido de justiça."

**Ó Deus da justiça, concedei-me um coração capaz de compreender as fraquezas e pecados das pessoas com quem convivo.**

## 20

"Quero afirmar que o caminho da violência e do ódio não resolve os problemas da humanidade, e que usar o nome de Deus para justificar a morte é blasfêmia."

**Ó Deus da paz, inspirai-me pensamentos de sabedoria e propostas de paz para honrar vosso nome e vencer todo tipo de ódio e violência.**

## 21

"Não se pode ofender, fazer guerra, ou assassinar em nome da própria religião ou em nome de Deus."

**Ó Deus da tolerância, rezo por todas as religiões, para que vivam em paz e sirvam a Vós, o Senhor da Vida e da História.**

## 22

"Liberdade de expressão não dá o direito de insultar o próximo."

**Ó Deus, ajudai-me a amar meu próximo como sou amado por Vós e a ser livre diante de todas as situações.**

## 23

"Devemos tratar o outro com a mesma paixão e compaixão com que gostaríamos de ser tratados e dar aos outros as mesmas possibilidades que procuramos para nós mesmos."

Ó Deus da compaixão, ajudai-me a servir e a amar ao meu próximo como eu gostaria de ser amado e servido.

## 24

"O grande desafio hoje é a renovação do espírito de cooperação."

Ó Deus da fraternidade, peço-vos a graça de não querer ajuntar nem possuir nada somente para mim, mas que eu possa colocar meus bens e meu saber a serviço dos demais.

julho

## 25

"Devemos estar atentos a qualquer tipo de fundamentalismo, religioso ou de qualquer outro tipo."

Ó Deus, peço-vos por todas as pessoas que creem para que não sejam fundamentalistas mas descubram o valor da vida acima de tudo.

## 26

"Um povo que não escuta os seus avós é um povo morto."

Ó Deus, agradeço a vida dos meus avós e peço-vos por todos os idosos para que sejam amparados com amor e proteção.

## Julho

## 27

"É bom estarmos um pouco diante do Santíssimo, para sentirmos sobre nós o olhar de Jesus."

Ó Deus da intimidade, sou grato pela vida que me conservais. Que eu saiba estar atento ao vosso olhar que cuida de mim.

## 28

"Deus sempre tem formas lindas de surpreender a gente."

Ó Deus, que eu saiba acolher as surpresas reservadas para mim e seja agradecido por tanta bondade e proteção.

## 29

"O perdão é vital para nossa saúde emocional e sobrevivência espiritual."

Ó Deus compassivo, concedei-me sempre a capacidade de perdoar e de sentir perdoado, para que minha vida seja mais plena de felicidade.

## 30

"É preciso aprender a se perdoar e a perdoar o próximo para alcançar uma vida mais feliz e mais em paz."

Ó Deus do perdão, ajudai-me a vencer todo sentimento de culpa e remorso que não me ajudam a caminhar na confiança e no amor a Vós.

# 31

*Julho*

"Olhando para Jesus crucificado, nós sentimos aquele sentimento tão humano e tão nobre que é a vergonha de não estar no alto."

Ó Deus, na cruz contemplo o eterno amor de Jesus pela humanidade e peço a força para corresponder a esse amor com total gratidão.

# Agosto

## Agosto

### 1

"As vocações nascem na oração e da oração. E só na oração podem perseverar e dar fruto."

Ó Deus, agradeço pelo chamado que me fazeis a cada dia para amar e servir ao meu próximo sem esperar recompensa.

### 2

"Sejam sempre generosos com Deus e com os demais. Deus chama para escolhas definitivas. Ele tem um projeto para cada um."

Ó Deus bondoso, ajudai-me a ser generoso e estar sempre atento e disponível ao bem que devo fazer.

## Agosto

## 3

"A vocação brota do coração de Deus e germina na terra boa do povo fiel, na experiência do amor fraterno."

Ó Deus, agradeço pelo dom da vocação concedido a tantas pessoas que colocam a vida à disposição.

## 4

"A alegria dos sacerdotes tem a sua fonte no amor do Pai."

Ó Deus eterno, hoje venho agradecer por cada sacerdote que vive sua vocação no serviço do Reino de Cristo.

Agosto

## 5

"Há silêncios de Deus que só se podem compreender olhando Jesus crucificado."

Ó Deus, ajudai-me a contemplar a cruz de vosso Filho e a perceber aí vossa presença silenciosa. Que a dor, o sofrimento e a morte presentes em nossa vida tenham seu sentido iluminado por esse mistério.

## 6

"A consciência cai facilmente no sono quando não há amor."

Ó Deus, fazei que eu ame mais com gestos, palavras e ações. Que minha consciência esteja sempre desperta e atenta.

## 7

"Caminhai decididamente para a santidade: não vos contenteis com uma vida cristã medíocre."

Ó Deus santo, ajudai-me a não ser medíocre, vivendo de qualquer modo minha vida e minha fé.

## 8

"Somos filhos de Deus, ninguém pode nos roubar esta carteira de identidade."

Ó Deus, reconheço que sois meu Pai e quero declarar sempre minha identidade que brota dessa filiação desde a eternidade.

## Agosto

### 9

"Faz mais barulho a árvore que cai do que a floresta que cresce."

**Ó Deus, que minha vida seja agradável a Vós pela experiência diária e não tanto pelo extraordinário.**

### 10

"A fé não se negocia, por isso somos ainda uma Igreja de mártires."

**Ó Deus da fortaleza, agradeço por tantas testemunhas que deram suas vidas por Cristo e pelo Reino.**

## 11

*Agosto*

"A porta do Senhor está sempre aberta, nunca perca a esperança."

Ó Deus da esperança, que eu não me perca no caminho para Vós, mas esteja atento a todos os sinais que me indicais.

## 12

"A santidade não significa fazer coisas extraordinárias, mas fazer as coisas ordinárias com amor e fé."

Ó Deus, despertai-me sempre para viver a santidade na vida diária, que consiste em acolher vossa graça e servir ao próximo com amor.

Agosto

## 13

"Deus está ao nosso lado, caminha conosco e nos espera sempre."

Ó Deus da confiança, sei que estais sempre comigo e por isso mesmo agradeço e peço-vos que não me deixeis caminhar sozinho.

## 14

"Não se pode corrigir uma pessoa sem amor e caridade."

Ó Deus de amor, ajudai-me a viver bem com as pessoas e a ter capacidade de corrigi-las com caridade e bondade.

## 15

*Agosto*

"Precisamos da doçura da Virgem Maria, para entendermos as coisas que Jesus nos pede."

Ó Deus, agradeço a singeleza da Mãe de Jesus. Que eu saiba, como Ela, a estar atento às coisas que Cristo me pede.

## 16

"A honestidade é a base sobre a qual se assentam todas as outras qualidades humanas."

Ó Deus, que eu não perca a honestidade em todas as dimensões de minha vida.

## Agosto

### 17

"Ao nosso redor, a presença do mal existe, o diabo age. Mas gostaria de dizer em voz alta: Deus é mais forte."

Ó Deus, sois a força dos fracos, confiado em Vós, peço que me ajudeis a vencer todo tipo de maldade que me impede de amar e servir melhor a Cristo.

### 18

"Fé é sorrir na dificuldade com a certeza que amanhã será um dia melhor."

Ó Deus da confiança, ajudai-me a não vacilar nos momentos difíceis de minha vida, mas a permanecer firme e confiante.

## Agosto

### 19

"Todas as pessoas que o Espírito Santo escolhe para dizer a verdade ao povo de Deus sofrem perseguições."

Ó Deus, agradeço por tantas pessoas que anunciam a Boa Nova. Que elas permaneçam firmes em meio às perseguições e sofrimentos.

### 20

"Não podemos dormir tranquilos enquanto crianças morrem de fome e anciãos não têm assistência médica."

Ó Deus dos fracos, rezo de modo especial pelas crianças e idosos abandonados para que encontrem quem lhes ajudem a viver dignamente.

## 21

"Ser santo não é um privilégio de poucos, mas uma vocação para todos."

Ó Deus da santidade, peço-vos que estejais sempre do meu lado neste caminho que desejo seguir de ser mais semelhante a Jesus Cristo.

## 22

"Que o Senhor cuide do seu pensamento e que você não se perca com tantos conflitos causados pelo mau pensamento."

Ó Deus, sei que conheces meus pensamentos, ajudai-me a manter firme e com esperança em meio a tantas dúvidas e dificuldades que surgem no caminho.

## 23

*"Deus é grande e poderoso, e se expressa no amor, no carinho, na graça e na bondade."*

**Ó Deus de amor, que eu saiba reconhecer-vos sempre mais nas expressões de amor, carinho e bondade manifestadas para comigo.**

## 24

*"A guerra é a mãe de todas as pobrezas, uma grande predadora de vidas e almas."*

**Ó Deus, concedei o dom da vossa paz ao nosso mundo tantas vezes imersos em conflitos e guerras que não acabam nunca.**

Agosto

## 25

"Quando a solidão tentar invadir teu ser, diz: já sou invadido por Deus."

**Ó Deus, agradeço vossa presença em minha vida e peço a graça de nunca me separar de Vós.**

## 26

"Deus não faz nada antes, nem depois, Ele age na hora certa."

**Ó Deus, sou grato por vossa providência e sei que cuidais de minha vida com muito carinho.**

## 27

*Agosto*

"Os milagres existem, mas é necessária a oração. Uma oração corajosa que luta, que persevera, não uma oração de circunstância."

Ó Deus, que minha oração seja a oportunidade diária de reconhecer vosso imenso amor e de comprometer-me com as dores da humanidade.

## 28

"Construamos a nossa vida de fé sobre a rocha, que é Cristo."

Ó Deus, ajudai-me a construir minha vida sobre a rocha que é Cristo e a não esmorecer diante das dificuldades.

## Agosto

## 29

"Nos piores momentos lembrai-vos: Deus é nosso Pai; Deus não abandona os seus filhos."

Ó Deus, sei que não abandonas nenhum de vossos filhos e por isso confio a Vós minha vida e minha família.

## 30

"Onde existem homens e mulheres que consagram a Deus a sua vida, há alegria."

Ó Deus, agradeço pela vida das pessoas consagradas e rezo para que continuem firmes na vocação de mais amar e servir ao Reino.

# 31

Agosto

"Sem perdão a família se torna uma arena de conflitos e um reduto de mágoas."

**Ó Deus, peço-vos que o perdão seja o tempero que ajude nas relações familiares para evitar conflitos, mágoas e desuniões.**

# Setembro

## Setembro

### 1

"Todos temos qualquer zona de incredulidade, no nosso coração. Digamos ao Senhor: eu creio. Ajuda a minha pouca fé."

**Ó Deus, mesmo acreditando, eu preciso da vossa ajuda para manter acesa a chama da minha fé.**

### 2

"É uma graça ver o pobre que bate à porta de nosso coração."

**Ó Deus, rezo por tantas pessoas empobrecidas que revelam a riqueza de um grande coração.**

Setembro

## 3

"Algumas pessoas cuidam melhor de seus cães do que dos seus irmãos."

Ó Deus de amor, ajudai-me a amar e a cuidar de toda a criação, mas também, e acima de qualquer coisa nessa vida, das pessoas.

## 4

"A realidade pode mudar, o homem pode mudar. Procurem ser vocês os primeiros a praticar o bem, a não se acostumarem com o mal, e sim vencê-lo."

Ó Deus de bondade, ajudado por vossa proteção, quero fazer sempre o bem para transformar as realidades malignas deste mundo.

## Setembro

### 5

"Que Deus possa nos ajudar a respeitar toda vida, especialmente a mais vulnerável."

**Ó Deus da vida, favorecei-me com vossa bondade para que esteja sempre servindo e ajudando a vida, sobretudo das pessoas vulneráveis.**

### 6

"Posso dizer que as alegrias mais belas e espontâneas que vi ao longo da minha vida são as alegrias de pessoas muito pobres, que têm pouco a que se agarrar."

**Ó Deus, peço-vos um coração mais simples, humilde e pobre para viver sempre atento ao que vale a pena.**

## Setembro

### 7

"Não há liberdade sem justiça e não há justiça sem respeito pela dignidade de cada um."

Ó Deus, concedei uma maior liberdade interior para que eu possa viver a justiça e o respeito no relacionamento com as pessoas.

### 8

"Deus não manda desgraças para nos castigar."

Ó Deus de bondade, agradeço pelo vosso amor e livrai-me da tentação de desconfiar do vosso amparo e proteção.

## 9

"A Igreja não é uma organização burocrática, não é uma ONG, mas sim uma história de amor."

Ó Deus, ajudai-me a ser melhor no seguimento de Cristo e na participação viva e consciente em minha comunidade de fé.

## 10

"A invencível paciência de Jesus nos convida sempre à conversão."

Ó Deus, concedei-me o dom da paciência, que tudo alcança, para perceber a conversão que me propõe Jesus.

Setembro

## 11

"Os presídios são um sintoma de como estamos na sociedade."

Ó Deus, rezo hoje por todos os encarcerados e pelos sistemas penitenciários: que haja paz, conversão, perdão e liberdade verdadeiros, que podem provir apenas de Vós.

## 12

"Que a caridade divina seja a bússola que orienta nossas vidas."

Ó Deus, agradeço por vosso amor e peço-vos um coração capaz de estar atento ao bem que devo fazer, agindo com caridade e compaixão.

## Setembro

## 13

"Estou no caminho da vida ou no caminho da mentira? Quantos fechamentos tenho ainda no meu coração?"

Ó Deus, guiai meus passos para que eu não vacile, mas ande sempre no caminho da vida, sem fechar meu coração a ninguém.

## 14

"Que a misericórdia de Deus possa entrar no nosso coração."

Ó Deus de compaixão, que meu ser proclame as maravilhas da vossa misericórdia que vou experimentando ao longo de minha vida.

## Setembro

## 15

"A cruz de Jesus demonstra toda a força do mal, mas também toda a onipotência da misericórdia de Deus."

Ó Deus, hoje contemplo a cruz de Jesus e agradeço a grandeza do vosso amor e misericórdia para com a humanidade.

## 16

"Quanto maior a autoridade espiritual confiada por Deus, maior deve ser a humildade e o serviço prestado aos irmãos."

Ó Deus, ajudai-me em minha fraqueza quando quero ser grande e melhor do que os outros. Que eu saiba servir com humildade e liberdade.

## 17

"Devemos colocar a misericórdia antes do julgamento e, em todo o caso, o julgamento de Deus será sempre feito à luz da sua misericórdia."

**Ó Deus de amor, que eu seja capaz de agir com bondade e compaixão sem julgar as pessoas antecipadamente.**

## 18

"Este é o tempo para novos mensageiros cristãos: mais generosos, mais alegres, mais santos."

**Ó Deus, fortalecei o meu testemunho cristão para ser mais generoso, mais alegre e mais santo.**

Setembro

# 19

"Um Deus que se faz próximo por amor, caminha com seu povo e esse caminhar chega a um ponto inimaginável."

Ó Deus, vos louvo e agradeço por vossa presença tão próxima, caminhando e fazendo história conosco.

# 20

"A nossa vida não é um vagar sem sentido. Temos uma meta segura: a casa do Pai."

Ó Deus de amor, ajudai-me a caminhar firme nos caminhos deste mundo, preparando-me com alegria para a vida eterna em vossa casa.

## 21

*"Se nos comportarmos como filhos de Deus, sentindo-nos amados por Ele, a nossa vida será nova, cheia de serenidade e de alegria."*

**Ó Deus, que eu viva como vosso Filho e que meu testemunho ajude as pessoas a vos louvar e servir.**

## 22

*"Sem solidariedade, nossa fé está morta."*

**Ó Deus, peço-vos que minhas ações sejam sempre solidárias e que revelem a intensidade da minha vida.**

## 23

"Que sua vida se transforme num jardim de oportunidades para ser feliz. Que em suas primaveras, seja um amante da alegria."

Ó Deus da alegria, ajudai-me para que viva com alegria a minha vida e que testemunhe o valor imenso da fé que me faz feliz.

## 24

"Nos momentos alegres e nos momentos tristes, confiemo-nos a Ele, que é a nossa misericórdia e nossa esperança!"

Ó Deus da confiança, peço-vos a força para perceber a vossa presença sempre comigo, seja na alegria, seja na tristeza.

## 25

"Se acolhermos Jesus, cresceremos no conhecimento e no amor do Senhor, aprenderemos a ser misericordiosos como Ele."

Ó Deus, dai-me a graça do conhecimento interno de Jesus para mais amar e servir aos meus irmãos como Ele fez.

## 26

"Uma leitura diária do Evangelho nos ajuda a vencer o nosso egoísmo e a seguir decididamente o Mestre Jesus."

Ó Deus, que a Boa-Nova de Jesus me ajude a vencer meus medos e egoísmos, para que eu fique cada vez mais livre para segui-Lo.

*Setembro*

## Setembro

## 27

"Deixem que Cristo e a sua Palavra entrem na vida de vocês, deixem entrar a semente da Palavra de Deus, deixem que germine e que cresça."

Ó Deus, agradeço muito pela vida e pelo testemunho de Jesus. Peço-vos que sua Palavra e exemplo germinem em meu coração.

## 28

"A fé cristã não é apenas conhecimento a ser conservado na memória, mas verdade a ser vivida no amor."

Ó Deus de amor, que minha fé cresça e dê frutos que valham a pena.

## Setembro

## 29

"Todos nós, cristãos, somos chamados a imitar o Bom Pastor e a cuidar das famílias feridas."

Ó Deus, que eu saiba compreender e ajudar com uma palavra amiga, um ouvido atento, um silêncio acolhedor, cada pessoa ferida em sua estrutura familiar.

## 30

"Um objetivo de todos os dias: transmitir um pouco da ternura de Cristo a quem mais precisa."

Ó Deus de ternura, ofereço-vos diariamente todo o meu ser, para que eu me torne instrumento da bondade de Cristo aos que mais sofrem.

# Outubro

## Outubro

### 1

"O que leva a mudar os corações dos cristãos é justamente a missionariedade."

**Ó Deus, concedei-me um grande coração para estar disponível ao serviço da missão que recebi no meu Batismo.**

### 2

"Se nos entregarmos ao Senhor, podemos vencer todos os obstáculos que encontramos no caminho."

**Ó Deus, que mantenhais unido o meu ser, que eu possa me confiar sempre mais a Vós para vencer as dificuldades que surgirem em minha vida.**

Outubro

## 3

"Não há cruz, pequena ou grande, da nossa vida que o Senhor não venha compartilhar conosco."

Ó Deus, sabeis quais as cruzes que carrego todos os dias, conto com a força que vem de Cristo, vosso Filho, para vencer as barreiras diárias.

## 4

"A exemplo de Francisco de Assis, a Igreja tem procurado, sempre e em todos os cantos da terra, cuidar e defender quem passa indigência."

Ó Deus da esperança, olhando para a vida de São Francisco, que eu me inspire a fazer muito mais pela humanidade que sofre.

## 5

*"Acostumar-se ao pecado sem pedir perdão nos torna corruptos."*

**Ó Deus misericordioso, ajudai-me a nunca me cansar de pedir perdão e de reconhecer-me sempre necessitado do vosso amor e graça.**

## 6

*"Que não haja lugar em nosso coração para o desprezo."*

**Ó Deus, peço-vos um grande coração, capaz de amar muito e incapaz de desprezar alguém por qualquer atitude ou situação.**

Outubro

## 7

"Jesus nos chama a mudar o coração, a fazer uma mudança radical no caminho da nossa vida, abandonando os pactos com o mal."

Ó Deus, ensinai-me a mudar no coração tudo o que me impede de amar mais, de servir melhor, de promover o bem.

## 8

"Para um cristão, a vida não é resultado de puro acaso, mas fruto de um chamado e de um amor pessoal."

Ó Deus, agradeço pelo dom da vida, que me foi concedida como gesto primeiro do vosso amor.

# 9

*Outubro*

"Se queremos seguir Cristo de perto, não podemos procurar uma vida cômoda e tranquila. Será uma vida empenhada, mas cheia de alegria."

Ó Deus da alegria, que minha vida não seja cômoda, mas que eu busque seguir Cristo com as inquietudes que supõem seu chamado e sua proposta.

# 10

"Jesus não é somente um amigo. É um mestre de verdade e de vida, que revela o caminho para alcançar a felicidade."

Ó Deus, agradeço-vos por Jesus; ajudai-me a estar atento à verdade e à vida nova que Ele revela para a minha felicidade.

Outubro

## 11

"Não se pode viver como cristão fora da rocha que é Cristo. Ele nos dá solidez e firmeza, mas também alegria e serenidade."

Ó Deus forte, que minha vida esteja sempre sobre o alicerce firme que é Cristo para que eu não desanime nem vacile.

## 12

"Maria é cheia de graça. Ela nos oferece um refúgio seguro no momento da tentação."

Ó Deus, ajudai-me a estar atento à vossa vontade como fez Maria, a Mãe de Jesus, vencendo em mim todo egoísmo e tentação.

## 13

"A lógica mundana impele-nos para o sucesso, o domínio, o dinheiro. A lógica de Deus, para a humildade, o serviço e o amor."

Ó Deus de bondade, guiai meus passos na lógica do Evangelho, que nos propõe: humildade, serviço e amor ao próximo.

## 14

"Cada vez que seguimos o nosso egoísmo e dizemos não a Deus, arruinamos a sua história de amor conosco."

Ó Deus, agradeço a vossa presença em minha vida e peço a capacidade de não me fechar em egoísmos que acabam dizendo não ao vosso projeto.

**Outubro**

## 15

"Educar é um ato de amor, é como dar a vida."

Ó Deus de amor, sou grato pela vida dos educadores. Eu me confio a Vós, para estar a serviço de uma educação integral, que vem do cuidado e da bondade.

## 16

"A nossa vida está verdadeiramente animada por Deus? Quantas coisas ponho antes de Deus, em cada dia?"

Ó Deus, sois a razão maior da minha vida, ajudai-me a nunca me afastar de Vós e não querer outra coisa senão vosso amor.

**Outubro**

## 17

"Penso em todos os que estão desempregados, frequentemente por causa duma mentalidade egoísta que procura o lucro a todo o custo."

Ó Deus, rezo por todos os que estão desempregados e peço a conversão do coração dos que buscam o lucro a qualquer custo, chegando até mesmo a descartar as pessoas.

## 18

"Se nos comportarmos como filhos de Deus, sentindo-nos amados por Ele, a nossa vida será nova, cheia de serenidade e de alegria."

Ó Deus, ajudai-me a viver como vosso Filho, sabendo-me amado e querendo amar mais e servir melhor a quem precisar de mim.

## Outubro

## 19

*"Ser cristão não se reduz a cumprir mandamentos, mas é deixar que Cristo tome posse da nossa vida e a transforme."*

**Ó Deus, que minha vida seja transformada pela força de Cristo para que o mandamento do amor seja o único em minhas ações.**

## 20

*"O aborto nunca é uma solução. Ao falar de uma mãe grávida, falamos de duas vidas, e ambas devem ser preservadas e respeitadas, pois a vida é de um valor absoluto."*

**Ó Deus da vida, rezo por todas as mães que chegam a duvidar da grandiosidade de sua vocação: inspirai-lhes sempre a força de vosso Espírito vivificante e protegei as crianças em perigo de serem mortas.**

## 21

*Outubro*

"A alegria do amor que se vive nas famílias é também o júbilo da Igreja."

Ó Deus, quero vos bendizer pela minha família: que eu saiba perceber, mesmo nos momentos difíceis da vida, a ação do vosso Espírito Santo e saiba reconhecer nela sempre um dom de vossa bondade.

## 22

"Não permitam que os sinais de destruição e morte acompanhem o curso do mundo."

Ó Deus, tantos sinais de destruição e morte vão revelando um mundo sem coração. Ajudai-me a manter firme meu coração para despertar o sentido maior da vida.

Outubro

## 23

"A fé não mora na escuridão,
mas é uma luz para nossas trevas."

Ó Deus, sou chamado a ser luz do
mundo e por isso mesmo peço-vos que
meu testemunho de fé ajude a dissipar
as trevas que me rodeiam.

## 24

"Deus nos pede para deixarmos
o ninho que nos acomoda e irmos às
fronteiras do mundo."

Ó Deus, agradeço por pertencer
a uma Comunidade de fé e quero estar
mais disponível para testemunhar o
Evangelho, sobretudo nas fronteiras
existenciais do mundo.

Outubro

## 25

"Os jovens têm que sair e se fazer valer, sair e lutar pelos seus valores."

Ó Deus, sou grato por tantos jovens que vivem projetos que valem a pena. Ajudai-lhes a firmar seus corações em Cristo e em seu projeto.

## 26

"A misericórdia é a viga mestra que suporta a vida da Igreja."

Ó Deus de bondade, fazei que meu coração seja mais misericordioso e compassivo e saiba perceber os erros dos irmãos, sem condená-los.

Outubro

## 27

"É preciso cuidar da terra para que possa continuar a ser, como Deus a quer, fonte de vida para toda a família humana."

Ó Deus do universo, agradeço imensamente pela vida do cosmos e prometo cuidar de cada ser que forma este grande ambiente que é nossa fonte de vida.

## 28

"A família é o lugar onde nos formamos como pessoas. Cada família é um tijolo que constrói a sociedade."

Ó Deus de amor, rezo por todas as famílias para que continuem a construção de relações mais ternas e cordiais.

## 29

"Sem o relacionamento constante com Deus, a missão torna-se um ofício."

Ó Deus, ajudai-me a estar sempre conectado convosco pela oração e pelo bem que sou chamado a fazer neste mundo.

## 30

"O desprezo é um luxo que somente os vaidosos e orgulhosos podem se permitir."

Ó Deus, confesso a importância da vida humana e de toda a criação, ajudai-me a cuidar e a não desprezar nada nem ninguém.

Outubro

# 31

"A fé é a grande herança da vida."

Ó Deus, confio em Vós e peço que conserveis acesa a chama da minha fé para ajudar a iluminar o mundo com meu testemunho.

# Novembro

## Novembro

### 1

"Os santos são os que levam avante a Igreja! A estrada da conversão, da humildade, do amor, do coração, da beleza."

**Ó Deus, fonte da santidade, agradeço por tantas testemunhas que expressaram a fé e serviram à Vida com total dedicação.**

### 2

"A cultura do descartável tornou-nos insensíveis ao lixo e ao desperdício alimentar."

**Ó Deus, agradeço pelo pão de cada dia e peço-vos a graça de não desperdiçar, seja o alimento, sejam os bens naturais.**

## 3

"Deus dá as batalhas mais difíceis aos seus melhores soldados."

Ó Deus, força dos que lutam, fortalecei meus braços para as batalhas diárias e meu coração para estar unido a Vós.

## 4

"A crise que estamos vivendo é a crise da pessoa, que já não conta. Só o dinheiro conta."

Ó Deus de bondade, ajudai-me a servir as pessoas sem buscar nenhuma recompensa nem querer levar vantagem em nada.

*Novembro*

Novembro

## 5

"A crise mundial nada fez pelos jovens. Corremos o risco de ter uma geração sem trabalho, e do trabalho provém a dignidade da pessoa."

Ó Deus, rezo hoje pelos jovens, perplexos e sem orientação, para que busquem sentido em meio à crise que os atinge.

## 6

"Não deixemos entrar no nosso coração a cultura do descartável, porque nós somos irmãos, ninguém é descartável."

Ó Deus de amor, protegei meu coração da cultura do descartável e fazei que eu vos ame cada vez mais nas pessoas com as quais convivo.

## Novembro

### 7

"A fé não serve para decorar a vida como se fosse um bolo com nata."

Ó Deus, aumentai a minha fé todos os dias, sei que ela é o tempero diário que sustenta os meus passos.

### 8

"Com Deus, nada se perde; mas, sem Ele, tudo está perdido."

Ó Deus, favorecei-me sempre com vossa graça para caminhar convosco e jamais desistir de vos amar e servir.

Novembro

## 9

"A dignidade da pessoa nunca se reduz às suas faculdades ou capacidades, e não diminui quando a pessoa é fraca, inválida e está precisando de ajuda."

Ó Deus, agradeço pelas pessoas presentes em minha história e vos peço sobretudo por aquelas que são agredidas em sua dignidade.

## 10

"A Igreja precisa de zelo apostólico, não de cristãos de salão."

Ó Deus, aumentai o fervor do meu coração para estar a serviço da missão que a Igreja me pede e confia.

## 11

*Novembro*

"O cristão sabe que sempre haverá sofrimento, mas que também pode dar sentido a ele, pode convertê-lo em ato de amor."

**Ó Deus, concedei-me a graça de não duvidar de vossa presença nos momentos de sofrimentos, tribulações e dores.**

## 12

"Podes ir à missa aos domingos, mas, se não tens um coração solidário e não sabes o que acontece no teu país, a fé está doente e está morta."

**Ó Deus, hoje rezo pelas realidades sociais do meu país e vos peço um coração solidário capaz de ver além das aparências.**

Novembro

## 13

*"As famílias não são um problema, são sobretudo uma oportunidade."*

Ó Deus de amor, agradeço e rezo por tantas famílias em dificuldades. Sei que cada família é uma oportunidade de cuidado e de superação.

## 14

*"Deus escolhe boas pessoas em todas as religiões."*

Ó Deus, agradeço pelas culturas e religiões e rezo por todas as pessoas, para que se disponham a servir melhor à vida.

## 15

"É preciso servir aos frágeis
em vez de servir-se deles."

Ó Deus, ajudai-me a servir com amor às pessoas vulneráveis, para que elas recuperem o valor de viver neste mundo.

## 16

"O mundo digital pode ser um ambiente rico em humanidade, é uma rede não de cabos, mas de pessoas."

Ó Deus, agradeço todos os meios de comunicação e peço-vos a graça de conviver de forma real com as pessoas, sem deixar-me prender pelo virtual e digital.

Novembro

## 17

"Nenhuma família sem casa, nenhum camponês sem terra e nenhum trabalhador sem direitos."

Ó Deus, rezo pelas pessoas que sofrem porque seus direitos fundamentais não são respeitados: sobretudo os sem-casa, sem-terra, sem-escola, sem-saúde.

## 18

"A limitação do poder é uma ideia implícita no conceito de direito."

Ó Deus, confio e sei que o maior poder que vem de Vós é a capacidade de criar e de amar. Que eu não queira limitar o poder de ninguém neste mundo.

## Novembro

## 19

"Nenhum indivíduo ou grupo humano se pode considerar onipotente, autorizado a pisar a dignidade e os direitos dos outros indivíduos ou dos grupos sociais."

Ó Deus, agradeço pela vida e rezo para que compreendamos o valor da igualdade e da dignidade que nos faz mais humanos.

## 20

"Qualquer dano ao meio ambiente é um dano à humanidade."

Ó Deus da harmonia, ajudai-me a cuidar das pessoas e do meio ambiente como dom maior a ser preservado.

## Novembro

## 21

"Existe um consumismo de 'conexões', um consumismo que pouco se importa com as relações humanas."

**Ó Deus, que eu saiba valorizar os meios e as conexões sem me perder num consumismo que não leva em conta as relações humanas.**

## 22

"Dar o pão a quem tem fome é um ato de justiça, mas é preciso saciar a fome de dignidade."

**Ó Deus, ajudai-me a defender a dignidade das pessoas que sofrem e que minha caridade seja um ato de justiça.**

**Novembro**

## 23

"O segredo é que o amor é mais forte do que qualquer momento em que se discute e, por isso, aconselho aos esposos: não terminem o dia em que discutiram sem fazer as pazes."

Ó Deus da harmonia, peço-vos pelos casais e pelas famílias para que nunca terminem o dia sem fazer as pazes, sem demonstrar amor verdadeiro.

## 24

"A misericórdia é a força que tudo vence, enche o coração de amor e consola com o perdão."

Ó Deus compassivo, ajudai-me a ser misericordioso para demonstrar maior amor e perdão às pessoas que me ofendem.

## 25

"A guerra é a negação de todos os direitos e uma agressão dramática ao meio ambiente."

Ó Deus da paz, rezo hoje especialmente para que cessem as situações de conflitos e guerras de nosso mundo.

## 26

"A salvação de Deus não nos vem das coisas grandes, do poder ou do dinheiro, mas das coisas pequenas e simples."

Ó Deus, agradeço pela vossa salvação manifestada em Cristo. Ele veio devolver a saúde, a dignidade, a paz perdida.

## 27

"Cuidado com a tentação da inveja! Estamos no mesmo barco e vamos para o mesmo porto."

Ó Deus, dai-me a capacidade de viver neste mundo sem ter inveja de nada nem de ninguém, pois sei que sou irmão de todos.

## 28

"A esperança é a mais humilde das três virtudes teologais, porque se esconde na vida. Contudo, ela nos transforma em profundidade."

Ó Deus da esperança, confiado em Vós, quero que minha vida seja transformada profundamente com a virtude da esperança.

Novembro

## 29

"A crise ecológica, juntamente com a destruição de grande parte da biodiversidade, pode pôr em perigo a própria existência da espécie humana."

Ó Deus, ajudai-me a estar atento e cuidar de cada espécie que está ao meu redor, sei que sou chamado a preservar da destruição a biodiversidade.

## 30

"A Eucaristia é a ceia da família de Jesus. Ele é o pão da vida das nossas famílias."

Ó Deus, sois o nosso alimento, ajudai-nos a celebrar a presença do vosso Filho Jesus, que nutre e sacia nosso coração e fortalece nossa missão.

# Dezembro

## Dezembro

### 1

"Somos chamados a fazer do amor, da compaixão, da misericórdia e da solidariedade um verdadeiro programa de vida."

Ó Deus, que eu seja capaz de fazer do amor, da compaixão, da misericórdia e da solidariedade o meu programa de vida.

### 2

"A primeira forma de indiferença na sociedade humana é a indiferença para com Deus."

Ó Deus, rezo por todas as pessoas indiferentes e insensíveis à vossa presença no meio da humanidade; que eu saiba também reconhecer-vos sempre mais na sociedade.

## 3

"Deus nunca nos renega.
Nós somos o seu povo."

Ó Deus, agradeço porque nos fizestes vossa herança, povo amado e escolhido por Vós desde toda a eternidade.

## 4

"Deus quer habitar no meio dos seus filhos. Deixemos espaço para Ele em nosso coração."

Ó Deus de bondade, que meu coração possa sempre mais se alargar para acolher vossa presença que vive em nós e nos anima.

Dezembro

## 5

"Mais difícil que amar a Deus
é deixar-se amar por Ele."

Ó Deus amoroso, quero experimentar sempre mais o vosso amor para comigo e também quero amar meus irmãos como nos pediu Jesus Cristo.

## 6

"Quando você ajuda alguém, você olha nos olhos? Toca a sua mão? É a carne de Cristo, é seu irmão, sua irmã."

Ó Deus, reconheço que estais sofrendo em cada pessoa desprezada e marginalizada. Ajudai-me a servir-vos com humildade e mansidão.

## Dezembro

# 7

"Cristo está sempre diante de nós,
espera-nos para nos receber
no Seu coração, no Seu amor."

**Ó Deus, fazei que eu seja sempre mais acolhido no coração do vosso Filho Jesus, ser nutrido de sua força e bondade.**

# 8

"Se o coração estiver fechado,
a misericórdia não entra."

**Ó Deus compassivo, ajudai-me a abrir sempre mais meu coração para acolher vossa misericórdia e ser bondoso com as pessoas com quem convivo.**

Dezembro

## 9

"Deus é como o pai do filho pródigo: nos espera sempre."

Ó Deus, que coisa boa ser acolhido por Vós. Eu também, como o filho da parábola do Evangelho, tantas vezes me afasto, vou-me embora. Ajudai-me a permanecer na vossa presença e a não me perder.

## 10

"O Sacramento da Reconciliação é o local privilegiado para celebrar a festa do encontro com o Pai."

Ó Deus do perdão, agradeço-vos porque sempre me perdoais e fazeis isso pela mediação do sacramento da reconciliação convosco e com meus irmãos.

## 11

"Nada pode parar o poder do amor."

Ó Deus, confiando no poder do vosso amor que tudo alcança, suplico o favor para amar sempre e a não desistir diante das dificuldades.

## 12

"Fugir dos desafios da vida não é uma solução. É necessário ter a coragem da resistência e lutar pelo bem."

Ó Deus, revesti-me da vossa força para ter coragem e resistência diante dos desafios e sofrimentos que me acompanham.

**Dezembro**

## Dezembro

### 13

"Alimentemos a nossa luz com estas palavras: tolerância, amor, reconciliação, paz e misericórdia."

Ó Deus da paz, ajudai-me a manter acesa a chama da oração com mais amor, tolerância, compaixão e reconciliação.

### 14

"Humanidade é saber mostrar ternura, familiaridade e gentileza com todos."

Ó Deus, que, pela ternura e gentileza, eu possa manifestar mais humanidade no viver e no relacionar-me com as pessoas.

## 15

"Deus, ao nos criar, deu-nos
o grande dom da liberdade."

Ó Deus da liberdade, peço o dom
da libertação para fazer sempre
o bem e servir com muita alegria
a quem de mim precisar.

## 16

"Neste nosso tempo, marcado pelo
individualismo, por tantas feridas e
pela tentação de fechar-se, é realmente
um dom ver e acompanhar pessoas
que se aproximam da misericórdia."

Ó Deus de misericórdia, afastai de
mim toda atitude egoísta e individualista
e ajudai-me a estar aberto à vossa
bondade e compaixão.

## Dezembro

## 17

"Do presépio tiremos a alegria e a paz profunda, que Jesus vem trazer ao mundo."

Ó Deus, o nascimento de Jesus trouxe alegria nova ao mundo. Ajudai-me a ser instrumento da paz e da alegria que contemplo na manjedoura.

## 18

"A alegria do Evangelho enche o coração e a vida inteira daqueles que se encontram com Jesus."

Ó Deus da alegria, fazei que a boa notícia do Evangelho encha meu coração de paz e compromisso profundo por saber-me amado por Jesus.

## 19

*"O pecado nos empobrece e nos isola. É uma cegueira do espírito que impede de ver o essencial, de fixar o olhar no amor que dá a vida."*

**Ó Deus, afastai de minha vida toda situação e ocasião de pecado. Que a luz do Espírito Santo me ajude a manter meus olhos fixos em Vós.**

## 20

*"Somos chamados a escutar o grito, talvez abafado, de tantos que desejam encontrar o Senhor."*

**Ó Deus, dai-me ouvidos atentos, capazes de escutar o grito de tantas pessoas que desejam encontrar Cristo.**

## Dezembro

## 21

"O amor é a medida da fé."

Ó Deus de amor, que minha fé me leve a amar e servir com tanta intensidade, sendo sinal para tantas pessoas que vos buscam.

## 22

"Não bastam a ciência e a técnica: para cumprir o bem é necessária a sabedoria do coração."

Ó Deus, agradeço pela ciência e pela tecnologia, mas peço-vos a sabedoria do coração para fazer o bem que a humanidade também necessita.

## 23

"Deus e o homem não são os dois extremos de uma oposição: eles procuram-se desde sempre, porque Deus reconhece no homem a própria imagem, e o homem só se reconhece a si mesmo olhando para Deus."

Ó Deus, hoje quero pedir que possas escancarar a porta do meu coração para que eu me torne cada vez mais vossa imagem e semelhança.

## 24

"Deus está apaixonado por nós. Faz-se pequeno para nos ajudar a responder ao seu amor."

Ó Deus de amor, agradeço-vos porque estais apaixonado por nós e vos peço a graça de corresponder ao vosso amor amando sempre mais.

## Dezembro

## 25

"O Natal nos revela o amor imenso de Deus pela humanidade. Com o nascimento de Jesus, nasceu uma promessa nova, um mundo novo, um mundo que pode ser sempre renovado."

Ó Deus, agradeço-vos muito pela vida de Jesus, que nasceu para a nossa salvação. O amor revelado faz novas todas as coisas.

## 26

"No Natal, Cristo vem para o meio de nós: é o momento propício para um encontro pessoal com o Senhor."

Ó Deus de bondade, ajudai-me a encontrar Cristo na oração, na caridade, na escuta e na partilha do que tenho e sou.

## Dezembro

### 27

"Que a alegria do Natal permaneça em sua vida para sempre."

Ó Deus, conservai em meu coração a alegria do Natal para que eu possa ser testemunha de Cristo aos outros.

### 28

"Sigamos Jesus, a verdadeira luz, para não nos perder e para refletir ao nosso redor luz e calor a quem atravessa momentos de dificuldade e escuridão interior."

Ó Deus, fazei que eu reflita a luz que vem de Cristo para ajudar a iluminar a vida de tantas pessoas ao meu redor, sobretudo das que mais sofrem.

## Dezembro

## 29

"O cristianismo é uma religião do fazer, e não do dizer."

Ó Deus, ajudai-me a viver bem no seguimento de Cristo fazendo o bem que devo fazer, sem a necessidade de dizer o que faço.

## 30

"Esta é a beleza da Igreja: a presença de Jesus no meio de nós."

Ó Deus, confio em Vós e na presença de Jesus, que continua a nutrir e fortalecer a vida dos cristãos que formam a Igreja.

## 31

**Dezembro**

"A paz é dom de Deus, mas confiado a todos os homens e a todas as mulheres."

Ó Deus da paz, agradeço pela paz interior que me foi concedida em cada dia deste ano, quero continuar a ser instrumento de vossa paz.

**Edições Loyola**

**editoração impressão acabamento**

rua 1822  nº 341
04216-000  são paulo  sp
**T** 55 11 3385 8500/8501 • 2063 4275
**www.loyola.com.br**